AF312872

CONFESSION GÉNÉRALE

DE SON ALTESSE SÉRÉNISSIME

Mgr. LE COMTE D'ARTOIS,

Déposée, à son arrivée à Madrid, dans le sein du T. R. P. Dom JÉROME, Grand Inquisiteur, & rendue publiquement par les ordres de son Altesse, pour donner à la Nation un témoignage authentique de son repentir.

IMPRIMÉE DANS LES DÉCOMBRES DE LA BASTILLE.

Confiteor Deo & Populo.

A PARIS.

Chez le Secrétaire des commandemens de Monseigneur l'Archevêque de Paris.

Et chez tous les Supérieurs des Communautés, même celle de S. Lazare.

Le 23 Juillet 1789.

CONFESSION GÉNÉRALE

DE SON ALTESSE SÉRÉNISSIME

Mg. LE COMTE D'ARTOIS.

——————

LES yeux remplis de larmes que la rage seule faisoit couler, détestant moins son infame conduite que pénétré du regret de n'en pas recueillir le fruit, S. A. S. Monseigneur le comte d'Artois arriva à Madrid, après avoir pensé éprouver à Lyon la fureur légitime d'un peuple justement irrité; tantôt il se représentoit la perte des caresses lubriques de son illustre belle-sœur, les emporte-mens de la Tribade Polignac; ensuite l'ambition fuccédoit à ce reffouvenir amer; les réflexions finiftres affiégoient fon cœur; & le défefpoir de n'avoir pu confommer fon exécrable forfait, augmentoit l'affreufe fituation de ce coupable Prince.

« Eh quoi! difoit-il, doutant même de fon exiftence; fuis-je bien moi? quelle révolution! & quelle en fera la fuite? C'eft donc en vain que l'amour, cette paffion tyrannique, m'a fait tout entreprendre, adultere prefque affaffin, j'ai violé les droits les plus refpeétables, ceux de fraternité & d'époux. Ce font les fruits adultérins d'une union réprouvée qui doivent un jour régir la monarchie françoife. Au fond du cœur, méprifant le monftre qui fecondoit mes vues criminelles, j'ai contribué à fes plaifirs, pour me frayer un chemin qui pût me conduire au trône; un inf-

tant de plus, & la France étoit à moi;
les ministres m'étoient dévoués, la lâche trahison me donnoit la moitié des
suffrages; la force & la violence m'as-
suroient de l'autre : un Breteuil, un Ba-
rentin, parvenus à s'emparer du timon
de la monarchie, avoient déposé dans
mon sein le serment sacré d'une odieuse
& indigne fidélité. Un instant, un seul
instant a tout détruit : du faîte des
grandeurs, je tombe dans l'avilissement ;
l'horreur & l'exécration sont les seuls
sentimens que j'inspire, & mon nom dé-
sormais ne fera plus que le signal de la
terreur & de l'effroi ».

« Quel parti prendre ! divinités in-
fernales ! vous à qui j'ai toujours sacri-
fié, présidez maintenant à mes idées :
ma raison est bouleversée, soyez - moi
propices, & je vous voue un hommage
éternel ».

« Mais quel rayon de lumiere vous faites luire à mes yeux, & quel sentiment vous faites naître en mon cœur ! Déjà mon espoir se rétablit. O Satan, mon génie tutélaire, non, ce n'est point en vain que je t'invoque ! D'Artois sera toujours d'Artois, l'ennemi de la nation ; & ton fidele suppôt ».

C'est ainsi que raisonnoit l'indigne rejeton d'un sang illustre ; c'est un Bourbon qui, dans son cœur, prononce le serment affreux d'accabler le peuple de sa haine ; & pour l'aider à y réussir, la politique fuit de la cour françoise & le suit en Espagne pour l'infecter de tout son poison.

Quel changement & quel affreux tableau d'hypocrisie va nous présenter S. A. arborant l'étendard de l'humilité,

pouffant des foupirs affectés par inter-
valles, fe frappant la poitrine ; telle eft
la maniere que le comte d'Artois, pa-
roiffant fe traîner à peine, emploie pour
fe préfenter au tribunal affoibli de l'In-
quifition. Son titre, qu'il a tant de fois
méconnu, l'honneur de fon nom, dont
il s'eft rendu tant de fois indigne, le
font parvenir aux pieds de Dom Jérô-
me, grand inquifiteur. Après avoir frap-
pé trois fois la terre de fon front, fuivant
l'ufage, humblement baifé le pan de la
robe du R. P. hypocrite, d'Artois s'ex-
prime en ces termes :

« O mon pere, organe facré de la
Majefté Divine, c'eft à vos genoux que
je viens réclamer la miféricorde d'un
Dieu dont je redoute le courroux ; puis-
je efpérer d'obtenir quelque grace ? le
nombre de mes iniquités eft fi grand que
j'ai tout lieu de défefpérer du pardon.

C'eſt en en dépoſant le fardeau dans votre ſein que je vous ſupplierai d'employer auprès de lui votre interceſſion; ce n'eſt pas ſeulement le cri de ma conſcience qui m'aſſaille, c'eſt encore les gémiſſemens d'un peuple que j'ai rendu malheureux. Artiſan de ſon infortune, ſa miſere eſt mon ouvrage. J'ai égaré le plus tendre des freres, un roi vertueux; j'ai fait un monarque foible; j'ai aveuglé toute une nation ſur les qualités royales, & la deſtruction totale du royaume étoit le vœu de mon cœur; j'en aurois ſans doute vu l'accompliſſement, ſi l'Être ſuprême n'avoit regardé les François en pitié ».

« Daignez donc, ô mon pere, me réconcilier avec moi-même! L'énormité de mon crime m'a rendu vil à mes propres yeux; la naiſſance, le rang dévoient me rendre l'exemple de l'univers;

la baffeffe de ma conduite m'en a rendu l'opprobre ».

Le Religieux, trompé par cette douleur apparente & les démonftrations de ce faux repentir, entreprit de confoler fon Alteffe, en lui difant : « efpérez, efpérez tout, mon fils, de la grace divine; fi la voix publique condamne avec raifon le tiffu d'abominations que vous avez commifes, l'aveu que vous allez en faire, la pénitence que le Très-Haut vous impofera par mon miniftere, fera le fondement de votre retour à la vertu, & le premier acte de votre réfignation à fa juftice : defcendez dans votre cœur, & courbez - vous devant l'image de votre Dieu ».

On preffent bien que ce commandement propageoit la rage dans le cœur de son Altesse. Toute la terre connoît l'orgueil de ce prince, & il ne falloit pas moins que la nécessité pour qu'il s'y soumît. La nécessité, cette loi impérieuse, lui crioit aux oreilles : *Superbe, humilie-toi.* Tout le détermina à embrasser ce parti. Après donc quelques momens d'un feint anéantissement, son altesse, pouffant des soupirs, fit au grand inquisiteur la confession des atrocités qui le rendront à jamais l'objet du mépris & de la haine.

« Non-seulement, mon révérend pere, je vais, par ma sincérité, chercher à regagner les faveurs célestes, mais encore je veux que mon repentir soit public, & dévoiler à la nation, que j'accablois d'outrages, les forfaits que je vais déposer dans votre sein. Puisse un peuple qui me déteste, avec raison,

oublier en partie que je suis le prin-
cipe de son défastre, & ne me pas fa-
crifier à fa vengeance, en voyant les
larmes de fang que le remords me fait
verfer » !

« Je glifferai rapidement fur mes pre-
mieres années. L'éducation des princes,
fi brillante en apparence, mais vicieufe
en tous fes points, fut la bafe de ma
conduite : un caractere méchant, féroce
même, annonçoit déjà, dans mon en-
fance, à la nation françoife, que je ferois
fon oppreffeur ».

« Tout favorifoit alors le penchant
décidé qui me portoit au mal. La mort
de Louis XV, l'élévation de mon frere
aîné, fa bonté naturelle, qui éloignoit
de fon ame le foupçon du crime ; fa
confiance, fa fécurité, les acclamations,

les éloges de fon peuple, l'affuroient
de la félicité publique ; il la croyoit éter-
nelle. Hélas ! quelle étoit fon erreur ! il
ignoroit que les princes de fon fang,
fon frere même, fon propre freré, qué
tout devoit rendre les protecteurs chéris
de la nation, travailloient fourdement à
fa deftruction ».

« Ce fut du moment que la diffipa-
tion & les exceffives prodigalités penfe-
rent épuifer l'immenfité de mes moyens,
que je m'égarai, me perdis ; l'injuftice
me domina ; la foif brûlante des richef-
fes vint me tourmenter ; je n'y pus ré-
fifter, & rien ne put réprimer les côn-
cuffions que je mis en ufage pour augu-
menter mes revenus. Je tyrannifai mes
vaffaux : infenfible à leurs peines, à leurs
fatigues, je les rançonnai fans pitié, &
le plus fouvent je facrifiai au hafard

du jeu , ou à la vîteffe d'un cheval an-
glois, ce fruit de la rapine & de la vexa-
tion ».

« Non , jamais je ne puis me rendre
affez coupable , ô mon pere ! il faut ,
que dis-je , il faut ? l'honneur que j'ou-
trageai , la religion que je méprifai , la douleur que je reffens , tous ces juftes motifs mé
font un devoir , me contraignent à vous
accufer quelle étoit alors la noirceur de
mon ame & l'indignité de mes fentimens.
Oui , mon pere , c'étoit peu pour mon
lâche cœur d'opprimer ainfi l'infortuné ; le
plus pur de fon fang fuffifoit à peine pour
étancher la foif cruelle dont j'étois dévo-
ré. Proménant fur le trône des regards
envieux , je maudiffois le deftin de m'a-
voir fait naître le plus jeune de mes
freres ; je l'accufai d'injuftice , dès ce

moment je vouai à mon frere, à mon roi, une haine dont il ne tarda pas à éprouver les barbares effets.

« Je m'appliquai férieufement à connoître fur quel fondement un monarque établiffoit fa grandeur ; je reconnus qu'elle étoit fixée fur l'équilibre, & que peu de chofe fuffiroit à la lui faire perdre. La tendreffe du peuple l'avoit toujours maintenu : je travaillai à l'anéantir, & j'y parvins. Les infames agens que je produifis au miniftere fervirent mes complots, & le meilleur des rois féduit, égaré, perdit par degrés l'amour du François, O mon pere ! tels furent les premiers pas que je fis dans la carriere du crime ».

« L'état affreux de la France eft mon ouvrage. Je vous l'accufe : j'avois médité fa ruine, & fa perte étoit l'aliment qui nourriſſoit mon ambition. Les conſeils & les ſages repréſentations d'une épouſe vertueuſe ne mirent pas de frein à ma rage effrénée ; elle ne fit qu'allumer mon reſſentiment ; je l'accablai d'outrages, & le moins déteſtable que je lui fis eſſuyer fut celui de lui aſſocier les plus viles catins, & les plus lubriques courtiſanes de ce ſiecle ».

« Sortant de ſes bras, où le caprice me ramenoit parfois, je ne laiſſai jamais ſubſiſter aucun doute ſur mon intention, & ne lui diſſimulois point que le devoir ni le ſentiment n'avoient aucune part à mes careſſes. Je pouſſai la barbarie juſqu'à l'inſtruire de mes déréglemens. J'affichai la dépravation ſans avoir la politique de voiler mes débordemens ».

« Violemment incommodé *d'une in-digeſtion de biſcuits de Savoie*, (1), je vais, diſois-je à mon cocher, *prendre du thé à Paris*. La Duthé, cette infame créature, cette exécrable meſſaline ſortie de la fange des plus ſales B...... de la capitale, devint mon idole & l'objet de mon culte & de mes hommages. Je les lui offris en public, & bravant inſolem-ment la cenſure de mon roi, l'indigna-tion d'un peuple que je mépriſois, je forçai ceux qui étoient ſous ma dépen-dance à plier le genou devant l'odieuſe proſtituée que j'adorois ».

« O mon digne & très - révérend

---

(1) Jeu de mots ſur Marie-Théreſe de Sa-voie, Comteſſe d'Artois, & la Duthé, P..... ſi renommée, dont le faſte écrâſoit celui de la majeſté royale.

pere!

» Pere, comment, fans mourir de
» honte, vous faire le détail de mes
» courfes nocturnes, les orgies fcan-
» daleufes que j'y commettois, les
» rifques que j'y courus? Compromis
» dans les plus noirs taudions ,
» avec les fcélérats & le rebut de la
» populace; un Prince du fang Royal,
» un Frere du Roi, mangeoit, buvoit
» familièrement avec cette race ab
» jecte, & m'affimilant avec eux de
» cette forte, je ne rougiffois pas
» de me déclarer leur confrere & leur
appui.

» Un mal affreux germa dans mon
» fein : ce noir poifon, diftillé par le
» libertinage, penfa devenir funefte à
» ma digne & adorable époufe. Alors
» je ceffai de fréquenter ces obfcurs &
» dégoutants repaires, fans cependant
» en devenir plus fage, & je préfentai

B

» de nouveaux vœux à la proſtitu-
» tion.

» Contat, cette volage Actrice dont
» la renommée publioit les charmants
» attraits, enflamma mon cœur de la
» paſſion la plus vive, & ſans m'arrêter
» à l'indigne ſource dont elle eſt
» ſortie (1), ſans aucune conſidéra-
» tion pour ſon état, ſi incompatible
» avec mon rang & mon nom, je
» m'étourdis ſur la baſſeſſe dont je me
» rendois coupable; je bravai la cla-
» meur publique ſur le tableau ſincere

---

(1) La Contat eſt fille d'une revendeuſe
de fruits & d'un Mouchard de Robe-courte.
Son frere, ſacripant de la premiere claſſe,
exerce encore cette honorable fonction, &
cette héroïne de couliſſes eſt ſans contredit
l'Actrice la plus déréglée de tous les
théâtres.

(19)

» de ſes abominables mœurs ; je fis de
» Contat ma divinité.

» C'eſt dans les embraſſements de
» cette Prêtreſſe de Priape que j'é-
» puiſai tous les reſſorts de la fauſſe
» volupté : pour me plaire elle me
» dévoila tous les ſecrets de l'Arétin,
» dont la pratique m'a depuis toujours
» été chere. Je m'énervai par la bruta-
» lité de mes révoltants tranſports, &
» je n'avois plus pour la céleſte com-
» pagne que le Ciel m'avoit donnée,
» que la froideur la plus inſultante.

» *Bagatelle*. Ce charmant aſyle de
» la débauche, devint le ſanctuaire
» de la molleſſe & du libertinage : mes
» complaiſants & délicats pourvoyeurs
» fourniſſoient tous les jours ce temple
» de nouvelles Déeſſes ; j'y promenois
» des regards languiſſants ; mes ſens

» émouffés par les jouiffances de tous
» genres que je m'étois procurées, ne
» fe ranimoient qu'à peine ; il falloit les
» exciter par l'attrait piquant de la
» nouveauté : c'eft ce que je fis.

» J'ofai jetter un œil prophane fur
» Madame la Ducheffe de Bourbon :
» ce fecret inconnu jufqu'alors me
» couvre encore de honte & de con-
» fufion : mon aveu coupable irrita fa
» vertu. Défefpéré de ce refus, je
» l'infultai, & tout Paris fut témoin
» de la vengeance de fon époux ; j'y
» fis remarquer la lâcheté dont mon
» cœur eft fufceptible ; & je fis con-
» noître à la Nation Françaife com-
» bien je me fouciois peu de démentir
» & deshonorer un fang illuftre.

» Malgré la politique dont je me
» fervois, l'infamie de ma conduite
» commençoit à percer ; l'indignation

» soulevoit les esprits ; les épigrammes
» sanglantes & méritées m'étoient
» adressées de toutes parts : je m'é-
» loignai, & Gibraltar fut le théâtre
» que je choisis pour me signaler par
» de nouveaux exploits.

» Vous les connoissez, ô mon Pere !
» l'adulation me couronna de lauriers,
» & la vérité me les arracha ! hué,
» sifflé de tous les vrais braves, guer-
» rier sans gloire, frere sans amitié,
» pere sans naturel, époux ingrat,
» citoyen perfide, Prince sans déli-
» catesse, il ne manquoit à tous ces
» titres qui m'étoient distribués par
» toutes les bouches & les cœurs de
» la Capitale, que celui de lâche pa-
» triote. Avec justice on me le décerna.
» Aujourd'hui proscrit, rejetté de mon
» auguste Famille, le peuple a mis ma
» tête à prix : eût - elle tombée sous
» son glaive vengeur, & mon cada-

» vre fouillé par la pouffiere & foulé
» aux pieds, privé de fépulture, je
» n'aurois que foiblement expié mes
» forfaits.

» A mefure que je perdois l'eftime
» & la confiance publique, la rage
» s'accrut dans mon ame, le nom
» François me devint odieux; j'abhor-
» rai fon exiftence, & j'affociai mon
» farouche reffentiment à la barbare
» R.... que le plus malheureux des
» Rois avoit prife en Germanie pour
» former le bonheur de fes jours.

» Nos cœurs furent bientôt unis;
» le crime le plus atroce cimenta
» cette union. Sans égard aux droits
» du fang, je fouillai la couche nup-
» tiale, & fis féconder la Famille
» Royale. Plus de myftere alors; ne
» refpirant plus tous deux que fureur
» & vengeance, nous nous affurâmes

» des Miniftres ; nous nous défîmes
» des gens vertueux dont la gêne
» continuelle contrarioit nos deffeins.
» Nous pillâmes le Tréfor royal , &
» le Pere du peuple, obfédé de traîtres,
» ignoroit le malheur de fes enfants,
» & l'orage affreux qui menaçoit la
» Monarchie.

» L'exécrable Polignac, ce monftre
» détefté , ce monftre indéfiniffable ,
» comme une quatrieme furie , fe joi-
» gnit à la cabale, & fe fit une gloire
» d'en diriger les infignes manœuvres.
» Adorée de la R.... à laquelle elle
» avoit fait adopter fes gouts infâmes,
» elle fe partageoit alternativement
» entr'elle & moi , & nous avions
» formé par cette intime réunion le
» plus affreux trio.

» Rien ne coûte à cette Mégere ;
» fon ame paffa dans la mienne ; le

B iv

» même génie nous anima; nous épui-
» fâmes la France ; crime léger , qui
» ne fuffifoit pas à notre fureur ; la
» deftruction totale de fes Habitants
» étoit le vœu le plus ardent de notre
» cœur.

» Cond. , Cont. , de Guiche , tout
» auffi lâches , auffi perfide que nous,
» augmenterent le nombre des tyrans
» de la Nation; nous foufflâmes dans
» le cœur de la Nobleffe l'affreux poi-
» fon de la difcorde. Nous lui fîmes
» envifager fes droits violés , facrifiés
» au titre chimérique de Citoyen, &
» nous en fîmes autant d'ennemis du
» peuple que de la liberté.

» Notre ligue qui paroiffoit indef-
» truétible , groffiffoit tous les jours.
» Déjà nous ne gardions plus le fecret,
» levant infolemment nos têtes altie-
» res , nous rejettions avec dédain les

» fupplications & les larmes des ha-
» bitans, rongés par l'affreufe mifere
» que nous avions fait naître: quelques
» jours de plus, & des fleuves de fang
» inondoient la Capitale. Déjà ils fe
» préfentoient à nos yeux, & nous
» nagions d'avance avec raviffement
» dans ces fources délicieufes.

» Les citoyens maffacrés l'un par
» l'autre ; les habitans égorgés par
» une troupe de brigands enrégimen-
» tés, aveuglément foumife à nos or-
» dres barbares ; les cadavres expirant
» les uns fur les autres : voilà, mon
» pere, le trophée que nous voulions
» élever à notre gloire immortelle, &
» le fpectacle enchanteur que nous nous
» préparions.

» La ville réduite en un monceau
» de cendres, coup d'œil flatteur pour
» de nouveaux Néron, préfentoit à

» nos regards la plus agréable perf-
» pective, & les préliminaires les plus
» fanglants annoncerent à la Patrie le
» fignal horrible de la terreur & de la
» profcription.

» Cette affreufe confpiration tou-
» choit au terme fatal de fon exécu-
» tion; les maifons étoient défignées,
» cent mille habitants alloient périr
» victimes de notre rage, lorfque la
» main de l'Être fuprême détourna les
» coups cruels que nous allions porter
» & l'imprudence trahit nos vues cri-
» minelles.

» Le féroce Lambefc, à la tête d'une
» troupe de tigres altérés du fang
» français, fe livre trop tôt au fen-
» timent qui nous animoit : aveugle
» dans fes horribles tranfports, il
» commence l'alarme générale , &

» détruit nos projets par fa prompti-
» tude & fon impatience.

» Les miniftres de notre rage n'é-
» toient point prêts ; nos fatellites qui
» n'étoient point arrivés ; le nombre qui
» nous avoit vendu leurs bras & leur
» vie, étoit trop foible pour oppofer
» à la vile populace que nous avions
» juré d'exterminer ; défenfeurs de fes
» jours, de fon exiftence, de fa liber-
» té, les citoyens s'ameutent, s'arment
» & renverfent en un inftant nos plus
» cheres efpérances.

» Terribles & bouillonnants de fu-
» reur, les vaillants Parifiens mena-
» cent nos jours, pour lefquels nous
» commençons à trembler. L'horreur
» fe répand, le fang des traîtres coule :
» prifonniers dans Verfailles, tous les
» paffages font obftrués, & nous voyons
» avec douleur le triomphe national.

» Journée malheureuſe où nous
» vîmes anéantir nos effroyables deſ-
» ſeins ! Les larmes couloient de nos
» yeux, la rage ſeule en faiſoit naître
» la ſource ; nos amis, nos partiſans,
» les ſcélérats ennemis du patriotiſme
» cruellement mutilés, traînés dans la
» fange, leurs coupables têtes portées
» au bout d'une lance, ſembloient pré-
» ſager le juſte ſort qui nous étoit ré-
» ſervé, & auquel la fuite nous a dé-
» robés.

» O mon Pere ! l'indignation ſe
» peint ſur votre viſage, & mainte-
» nant elle regne dans tous les cœurs.
» Où fuir ? où aller cacher ma honte
» & mon affliction ? quel ſera le peu-
» ple aſſez inſenſé pour accueillir &
» protéger le crime, la trahiſon & la
» ſcélérateſſe ? Comment oſer préten-
» dre à un aſyle, à un refuge ? Mon
» nom ſeul ne ſera-t-il pas le premier

» chef de ma condamnation ? & ne
» fera-ce pas rendre un important fer-
» vice à l'humanité, que de plonger
» un poignard dans le fein de celui
» qui vouloit être lui-même le bour-
» reau d'un peuple entier, pour repaî-
» tre fes yeux de ce fanglant fpectacle,
» & faire jouir une femme barbare
» & impitoyable, des fruits de l'hor-
» reur qu'elle a conçue & conferve
» encore dans fon fein pour les Fran-
» çais qui l'adoroient au moment où
» elle méditoit leur ruine.

» Tonnez fur moi, grand Dieu !
» que votre foudre écrafe fans mifé-
» ricorde la déteftable furie, l'objet
» de mes lâches amours & de mes cri-
» minelles complaifances. Périffent de
» même les infâmes Princes qui fer-
» virent nos perfides complots ; qu'un
» trépas ignominieux foit le falaire
» des traîtres dont la France eft in-

» feétée , & qui jouiffent en paix du
» fruit de leurs honteux larcins.

» Paris, cette fuperbe cité, reine
» du monde, en proie à la famine,
» n'offre plus qu'un tableau pitoyable
» dont la face ne peut changer qu'en
» détruifant les monftres qu'elle recele
» dans fon fein.

O Maître fuprême des humains,
» vous exaucez une partie de mes
» vœux ! Un Prevôt des Marchands,
» le Gouverneur de la baftille, un
» Foulon, un Berthier font déja les
» victimes que tu as abandonnés au
» reffentiment national, maffacrés par
» un peuple fecouant le joug de l'op-
» preffion & de la tyrannie. Leur tré-
» pas, loin d'exciter la compaffion,
» fait naître la joie dans tous les cœurs,
» & les lambeaux fanglants de leurs
» corps déchirés, font les holocauftes
» offerts à la liberté.

» Tremblez Condé, Conti, Bourbon, d'Enghien, & vous, miférა-
bles artifans de la mifere des Français ! Que le fort de vos femblables
» vous infpire un effroi continuel ! &
» fi vous échappez à la légitime ven-
» geance publique, puiffe l'affreux fer-
» pent du remords déchirer perpétuel-
ment votre fein !

» Tel eft, ô mon Pere, le détail des
» iniquités que l'orgueil & l'ambition
» m'ont fait commettre ! Je me réfi-
» gne à la vengeance divine, & rece-
» vrai, fans murmurer, le coup qui
» ne tardera fûrement pas à trancher le
» fil des jours d'un infâme profcrit

N. B. On invite le Public à ne
point ajouter de foi au repentir tar-
dif & forcé de S. A. S. on en doit
diftinguer toute la fauffeté. Prions

feulement l'Arbitre des deftinées que
fes derniers vœux, tout impofteurs
qu'ils font, foient exaucés; que le def-
potifme foit anéanti, les traîtres maffacrés, & que nos enfants jouiffent du
précieux bonheur de pofféder la liberté
dont nous voyons commencer le regne.

F I N